BEI GRIN MACHT SICH IHR WISSEN BEZAHLT

AF125126

- Wir veröffentlichen Ihre Hausarbeit, Bachelor- und Masterarbeit

- Ihr eigenes eBook und Buch - weltweit in allen wichtigen Shops

- Verdienen Sie an jedem Verkauf

Jetzt bei www.GRIN.com hochladen und kostenlos publizieren

Bibliografische Information der Deutschen Nationalbibliothek:

Die Deutsche Bibliothek verzeichnet diese Publikation in der Deutschen National-bibliografie; detaillierte bibliografische Daten sind im Internet über http://dnb.d-nb.de/ abrufbar.

Impressum:

Copyright © 2018 GRIN Verlag
Druck und Bindung: Books on Demand GmbH, Norderstedt Germany
ISBN: 9783668826830

Dieses Buch bei GRIN:

https://www.grin.com/document/442464

Manuela Choudhry

Schule im Spiegel der Literatur. Vergleich zwischen "Der Schüler Gerber" von Friedrich Torberg, "Professor Unrat" von Heinrich Mann und "Der Club der toten Dichter" von N.H. Kleinbaum

GRIN Verlag

GRIN - Your knowledge has value

Der GRIN Verlag publiziert seit 1998 wissenschaftliche Arbeiten von Studenten, Hochschullehrern und anderen Akademikern als eBook und gedrucktes Buch. Die Verlagswebsite www.grin.com ist die ideale Plattform zur Veröffentlichung von Hausarbeiten, Abschlussarbeiten, wissenschaftlichen Aufsätzen, Dissertationen und Fachbüchern.

Besuchen Sie uns im Internet:

http://www.grin.com/

http://www.facebook.com/grincom

http://www.twitter.com/grin_com

BRG Bad Vöslau – Gainfarn

VORWISSENSCHAFTLICHE ARBEIT

Schule im Spiegel der Literatur

CHOUDRY Fernan

Bad Vöslau,   26.05.2018

Klasse: 5 CW

Schuljahr: 2017/18

Inhaltsverzeichnis

Abstract

In dieser vorwissenschaftlichen Arbeit werden drei Romane, welche sich mit der Erziehung und dem gesellschaftlichen Denken in verschiedenen Zeitabschnitten beschäftigen miteinander verglichen. Durch die Darstellung des Inhaltes und der Beschreibung der Charaktere ist es möglich, die Denkweise in der wilhelminischen Zeit in Deutschland („Professor Unrat" von Heinrich Mann), in den 30er Jahren in Deutschland („Der Schüler Gerber" von Friedrich Torberg) und in den 50er Jahren in den USA, später auch Europa („Der Club der toten Dicher" von N.H.Kleinbaum) zu verstehen. Spannend zu beobachten ist die Entwicklung von einer dargestellten Zeit zur anderen und auch ein Vergleich mit dem heutigen Erziehungsstil ist möglich.

1. Einleitung

Diese vorwissenschaftliche Arbeit beschäftigt sich mit den Romanen „Der Schüler Gerber von Friedrich Torberg", „Professor Unrat von Heinrich Mann" und „Der Club der toten Dichter von N.H. Kleinbaum. Diese Werke stellen durch ihre Handlung einen Auszug der Erziehungsmethoden und moralischen Vorstellungen der wilhelminischen Gesellschaft, der Gesellschaft in den 30er Jahren und der Gesellschaft in Amerika, Mitte der 1950er Jahre dar.

Für diese vorwissenschaftliche Arbeit wurde Primär- und Sekundärliteratur verwendet. Diese Arbeit gliedert sich in Abstract und 6 Kapiteln (Einleitung, literarische Vorlagen, Charaktere, Schule in der Wilhelminischen Zeit und heute, Nachwort, Literaturverzeichnis). Es wurde Primär- und Sekundärliteratur verwendet.

In Folge werde ich auf die genannten Werke eingehen.

1.1. Der Schüler Gerber von Friedrich Torberg

Der begabte Schüler Gerber, der im letzten Jahr vor der Reifeprüfung steht, fällt dem sadistischen und herrschsüchtigen Professor Kupfer zum Opfer. Gerbers schwache Seite ist Mathematik. In dem Fach unterrichtet Kupfer, der auch Klassenvorstand ist. Er nützt jede Gelegenheit, die Schüler zu demütigen. Er quält Kurt, egal ob er sich anstrengt oder nicht, dass Gerber verzweifelt wird. Außerdem belastet ihn eine erste, enttäuschte Liebe zu Lisa Berwald und er möchte vor seinem todkranken Vater nicht scheitern. Der Wert der Reifeprüfung und somit die Hoffnung auf diese wirkliche Leben" ist sinnlos geworden, da die Begriffe "Wahrheit" und" Gerechtigkeit" nirgends mehr anwendbar scheinen. Am Ende stürzt er sich, kurz vor Bekanntgabe seines Bestehens der Reifeprüfung, aus dem Fenster und wird nur in einer kurzen Zeitungsnotiz erwähnt. (Vgl. Torberg 2017, S. 1 – 344)

1.2. Professor Unrat von Heinrich Mann

Der Gymnasiallehrer Raat ist ein Tyrann und wendet militärische Erziehungsmethoden an. Er sieht es als seine Aufgabe an Moral und Ordnung zu verbreiten. Er verliebt sich in die Barsängerin Rosa Fröhlich so sehr, dass er sie letztendlich heiratet. Diese eröffnet in seinem Haus ein Vergnügungsetablissement. Dadurch gerät er in Verruf und wird von der Gesellschaft ausgeschlossen. (Vgl. Mann 2014, S. 1 – 215)

1.3. Der Club der toten Dichter von N.H. Kleinbaum

Das neue Schuljahr beginnt im Jahr 1958 und Schüler, Eltern und Lehrer sind in dem großen Saal der Schule versammelt. Neben den feierlichen Ansprachen wird ein neuer Englischlehrer vorgestellt, Mr. John Keating. Mr. Keating belebt den Unterricht durch seine lockere, witzige und einfühlsame Art. Er bringt seinen Schülern bei, ihre eigene Meinung zu entfalten und für ihre Träume zu kämpfen. Neil entdeckt schließlich in einem alten Jahrbuch das Keating im Club der toten Dichter war. Nachdem die Freunde Keating darüber ausgefragt haben, lassen sie den Club neu aufleben. Durch den Club und Keating fangen die Jungs an sich selbst zu verwirklichen. Neil entdeckt seine Leidenschaft zum Theater, Todd wird immer aufgeschlossener, Charly entwickelt sich zum Frauenschwarm „Nuwanda" und Knox erobert das Herz seiner Geliebten Chris. Das missfällt den restlichen Lehrern und auch manchen Eltern. Nachdem Neils Eltern bemerken, dass ihr Sohn die Hauptrolle in dem Stück "Sommernachtstraum" spielt, drohen sie ihm damit, ihn auf eine Militärakademie zu schicken. Noch am selben Abend begeht Neil Selbstmord. Für diesen Vorfall wird Keating verantwortlich gemacht und muss daraufhin die Schule verlassen. (Vgl. Kleinbaum, N.H. 1990, S. 1 – 158)

2. Literarische Vorlagen

Literarische Vorlagen für diese vorwissenschaftliche Arbeit sind folgende Romane:

- Der Schüler Gerber von Friedrich Torberg
- Professor Unrat von Heinrich Mann
- Der Club der toten Dicher von N.H. Kleinbaum

Alle drei Romane beschäftigen sich mit der Erziehung und der Doppelmoral der Gesellschaft in der wilhelminischen Zeit (1890 – 1918) oder generell in der Kaiserzeit. Außerdem wird die Veränderung in der Erziehung (in der Gesellschaft) in der Mitte der 1950er Jahre beschrieben. Diese Veränderung geht von den USA aus und verbreitet sich auch innerhalb Europa. Um die Erziehungsmethoden und die moralischen Vorstellungen dieser Zeit mit persönlichen Schicksalen näher zu bringen, werde ich im folgenden Text auf die drei genannten Romanen näher eingehen.

2.1. Der Schüler Gerber von Friedrich Torberg (Vgl. schulzeux.de, 2018)

Der mittelmäßig begabte Schüler Kurt Gerber kommt in die achte Klasse. Er ist bei vielen Lehrern unbeliebt und passt in der Schule nur wenig auf. Noch dazu kommt, dass die Oktavanerklasse einen neuen Klassenvorstand bekommt, Gott Kupfer. Dieser ist der strengste und unbeliebteste Lehrer der Schule.

„Man konnte gegen ihn in keiner Weise an. Kupfer war Kismet." (Torberg, 2017, S.23) Kurt Gerber macht sich auch bei ihm unbeliebt, indem er blöde Kommentare von sich gibt. Kurt bekommt viele "Nicht genügend" und da sein Vater an einem Herzproblem leidet und sich oft aufregen muss, bekommt der Vater immer öfter Herzanfälle.

Kurt hat eine Freundin, Lisa, die er sehr liebt. Doch wie sich herausstellt, bleibt seine Liebe vorläufig unerwidert. Er versucht immer wieder mit ihr Kontakt aufzunehmen, doch sie kommt oft nicht zum vereinbarten Treffpunkt. Inzwischen rückt die Matura immer näher und Kurt beginnt sehr viel zu lernen, um im Abschlusszeugnis lauter positive Noten zu bekommen. Doch in Mathematik und Geometrisch Zeichnen, die Gott Kupfer unterrichtet, erhält er zwei Nicht genügend. Kurt darf trotzdem zur Matura antreten. Inzwischen hat er mit einem Nachhilfelehrer in Mathematik und Geometrisch Zeichnen viel gelernt. In den anderen Fächern bekommt er viele Hinweise zu seinen Fragen, die er bei der Matura bekommen wird. So fällt es ihm leicht, für das Abiturientenexamen zu lernen. Doch wird er von Gedanken an

Lisa und Konflikten mit seinem Vater davon abgehalten. Die Matura beginnt und Kurt Gerber schlägt sich durchschnittlich. In Latein und Deutsch ist er, wie erwartet, gut, aber in Mathematik und Geschichte ist er nicht so erfolgreich. Während der ganzen Matura schießen Kurt viele Gedanken durch den Kopf von Lisa, von denen, die bisher durchgefallen sind, und von seinem Vater, der, nach einem Konflikt mit Kupfer, einen schweren Anfall bekommen hat und in einen Kurort gebracht werden musste. Außerdem hat er andauernd Angst, dass er durchfallen wird. Kurz bevor die Ergebnisse der Matura bekannt gegeben werden, nimmt sich Kurt Gerber das Leben, indem er vor zu großer Angst vor dem Durchfallen aus dem Fenster springt.

2.2. Professor Unrat von Heinrich Mann (Vgl. schulzeux.de, 2018)

Professor Unrat, richtiger Name Raat, ist Lehrer am Gymnasium einer norddeutschen Stadt. Er tyrannisiert seit 25 Jahren Schüler mit Leidenschaft. Schüler betrachtet er als Feinde, die er vernichten will, auch dann noch, wenn sie bereits die Schule verlassen haben. Er bestraft gerne und sperrt Schüler gerne ins Kabuff (Garderobe). Dadurch ist er bei den Schülern nicht beliebt. Manche Schüler sagen, dass sie Unrat wittern, wenn er näher kommt. Drei Schüler und gleichzeitig Freunde haben eine Beziehung zu der Sängerin Rosa Fröhlich. Sie arbeitet in der Kneipe zum „Blauen Engel". Diese drei Schüler sind Lohmann (Sohn eines Senators der Stadt), Graf Erztum und der schwache Kieselack.

Eines Tages entdeckt Professor Raat bei seinem Schüler Lohmann ein Gedicht auf Rosa Fröhlich. Um die Schüler zu überführen begibt er sich zu Rosa Fröhlich. Bald geht er jeden Abend in den „Blauen Engel". Schon bald verfällt er der erotischen Ausstrahlung von Rosa Fröhlich. Die Gesellschaft registriert den moralischen Abstieg des Professors. Eines Tages gehen die drei Jungen mit Rosa Fröhlich wandern und Erztum zerstört ein Hünengrab. Er muss vor Gericht und es kommt heraus, dass die Sängerin eine intime Beziehung zu Kieselack hat. Erztum und Kieselack müssen die Schule verlassen. Lohmann darf bleiben, aufgrund des Einflusses seines Vaters, der Konsul ist. Unrat wird als Gymnasialprofessor in Pension geschickt. Er heiratet Rosa Fröhlich und sie präsentiert ihm ihr verschwiegenes Kind. Bald sind die Ersparnisse aufgebraucht und Fröhlich richtet in der Villa ihres Mannes ein Vergnügungsetablissement ein. Die meisten Gäste sind ehemalige Schüler von Unrat, die sich moralisch und finanziell zugrunde richten. Das gefällt Unrat und er beobachtet gerne den Abstieg seiner Gegner. Er will aber nicht wahrhaben, dass sich seine Frau Rosa an die Gäste verkauft. Lohmann zerstört diesen Irrglauben und wütend und eifersüchtig beraubt Unrat

Lohmann und greift seine Frau an. Er und seine Frau werden verhaftet und die feine Gesellschaft will mit ihnen nichts mehr zu tun haben.

Dieser Roman lieferte die Vorlage für den Film „Der blaue Engel" (1930), der Marlene Dietrich in der Rolle der „feschen Lola" weltberühmt machte.

2.3. Der Club der toten Dichter von N.H. Kleinbaum (Vgl. schulzeux.de, 2018)

Ein neues Schuljahr fängt an und die Jungen treffen sich wieder. Der neue Todd Anderson wird von Neil gleich freudig aufgenommen. Dieses Jahr bekommen sie einen neuen Lehrer der selbst auch auf der Welton-Akademie Schüler war. John Keating klärt sie gleich in der ersten Stunde über sein Lebensmotto „Carpe Diem" auf, was so viel heißt wie „Nutze den Tag" und dass er mit Mr. Keating oder Oh Captain, mein Captain angesprochen werden möchte. Er ist nicht wie andere Lehrer und versucht den Jungen Literatur anders zu vermitteln, worüber der Direktor wenig erfreut ist. Dieser duldet nur den offiziellen Lehrplan welchen Keating ganz und gar missachtet. Der Lehrer versucht den Schülern hingegen eigenständiges Denken beizubringen. Keating erzählt ihnen von seiner eigenen Schulzeit und von dem Club der toten Dichter. Die Clubtreffen fanden immer in einer Indianerhöhle statt. Die sieben Jungen Todd Anderson, Neil Perry, Charlie Dalton, Knox Overstreet, Steven Meeks, Richard Cameron und Pitts sind davon sehr begeistert und wollen den Club neu einberufen. Sie machen es den damaligen Clubmitgliedern gleich und treffen sich ebenfalls in der Höhle. Sie schleichen sich nachts vom Gelände, treffen sich in der besagten Höhle, tragen einander Gedichte vor und genießen die Gemeinschaft jenseits der engen Mauern und starren Regeln der Schule. Keating übergibt den Schülern ein Buch, in dem die ganzen Gedichte und Regeln des Clubs niedergeschrieben sind. Neil riskiert alles um seinen Traum, Schauspieler zu werden, zu verwirklichen und widersetzt sich dem Willen seines Vaters und bewirbt sich bei einem Theaterstück, dessen Hauptrolle er übernehmen darf. Doch sein Vater erfährt davon und will ihm untersagen mitzuspielen. Neil ignoriert dies und macht trotzdem weiter. Die Jungs beginnen so zu handeln wie sie es für richtig halten und der Lehrer ermutigt sie immer wieder dazu, selbst zu denken und nicht der breiten Masse zu folgen. Es scheint alles in Ordnung zu sein, bis Neil nach seiner Theateraufführung Selbstmord begeht. Sein Vater wollte ihn aus der Schule herausnehmen und verplante die nächsten zehn Jahre von Neils Zukunft und nahm keinerlei Rücksicht auf die Bedürfnisse seines Sohnes. Doch alle wollen die Schuld auf Keating schieben, bis auf die Jungen. Sie halten zu ihm, doch Richard Cameron verrät Keating und erzählt alles genau so wie es der Direktor braucht, um Keating zu entlassen, obwohl ihn keine Schuld trifft. Die restlichen Clubmitglieder werden zur

Unterschrift der Aussage von Cameron gezwungen. Außer Todd lassen sich alle dazu verleiten und Keating wird entlassen. Als Keating einige persönliche Sachen im Klassenzimmer holt, ruft Todd im ganz laut zu, dass man sie zur Unterschrift gezwungen habe. Er wird vom Direktor sofort zum Schweigen gebracht, doch dann steht Todd auf, steigt auf den Tisch und ruft ganz laut „Oh Captain, mein Captain". Die restlichen Schüler machen es ihm gleich und Keating verlässt dankend das Klassenzimmer.

3. Charaktere

In diesem Kapitel werden die wichtigsten Charaktere aus den drei verwendeten Romanen dargestellt.

3.1. Der Schüler Gerber von Friedrich Torberg (Vgl. Zweiker, 2018)

In diesem Roman treffen die unterschiedlichsten Charaktere zusammen.

Kurt Gerber

Kurt Gerber ist sehr intelligent und er schafft es immer irgendwie das Schuljahr positiv abzuschließen. Mental ist er schwach und er ist nicht fleißig. Er handelt so, wie er es für richtig hält und ist dickköpfig. Kurt Gerber hat keinen richtigen Freund und auch das Verhältnis zu seiner Familie ist schlecht. Große Schwierigkeiten muss er alleine lösen. Sein Hauptproblem ist, dass er Ziele erreichen will, die er nie erreichen wird (z. B. die Liebe von Lisa Berwald zu bekommen). Letztendlich bringt er sich um, folgende Gründe führen zum Selbstmord:

- Die Motivation geht verloren, weil Lehrer Kupfer ihm ein Nicht Genügend nach dem anderen austeilt.
- Der Verlust von Lisa und die Feststellung, dass er sie nie haben kann.
- Der Glaube, dass er die Matura nicht geschafft hat, obwohl er mit Befriedigend abschließt in Latein, Deutsch und Geografie/Geschichte.
- Er fürchtet, dass diese Nachricht den Vater umbringt.
- Kurts Vater glaubt nicht an ihn.
- Er hat niemandem zum Reden.

Arthur (Gott) Kupfer

Arthur (Gott) Kupfer ist auf seinen Spitznamen (Gott) stolz. Er denkt, dass er unfehlbar sei und zeigt das gerne nach außen. Herr Kupfer ist herrschsüchtig und lebt dies in der Schule aus. Er erwartet von jedem Perfektionismus und kann keine Fehler verzeihen. Nach außen hin spielt er den starken Mann und fast alle Schüler fürchten ihn wegen seiner Strenge und Ungerechtigkeit.

Lisa Berwald

Lisa Berwald ist nicht besonders intelligent, aber schon reif und hübsch. Sie verlässt die Schule, weil sie ihr Leben selbst in die Hand nehmen will. Sie versteht es, Männer für ihre Ziele auszunützen, ist ein leidenschaftlicher Mensch und möchte sich von niemandem etwas sagen lassen. Sie feiert gerne Feste und macht das, was ihr Spaß macht. Für Kurt ist sie die große Liebe. Sie spielt mit ihm, findet ihn zwar nett, will aber nicht mehr von ihm. Als Kurt das erkennt, ist er unfassbar traurig.

Vater Gerber

Vater Gerber sorgt sich um seinen Sohn und ist schwer krank. Er kann aufgrund seiner Krankheit kein „normaler" Vater sein und sich nicht um Gerber kümmern. Sein Ziel ist, dass Gerber die Matura bekommt, aber ohne jede Aufregung. Dadurch setzt er seinen Sohn unter Druck und wird Mitschuldiger an seinem Tod. Ihm ist nicht bewusst, dass er durch seine Krankheit eine Belastung für seinen Sohn bedeutet.

3.2. Professor Unrat von Heinrich Mann (Vgl. schulzeux.de, 2018)

Die Figuren des Romans sind sehr unterschiedlich und jede Figur hat ihren eigenen, unverwechselbaren Charakter.

Professor Raat

Seine Schüler nennen ihn „Unrat". Er ist schon lange Zeit Griechisch-, Latein- und Deutschlehrer an einem Gymnasium. Er wird von allen Unrat genannt, deswegen tyrannisiert und schikaniert er Schüler und Gehorsam und Drill sind ihm wichtig. Er ist fasziniert von Rosa Fröhlich.

Rosa Fröhlich

Eine hübsche Tänzerin in „Der Blaue Engel". Sie wird von vielen Männern umschwärmt und begehrt und nutzt sie alle aus.

Schüler Lohmann

Sohn eines Senators. Er ist sehr intelligent und lässt sich als einziger der Schüler nicht von Unrat tyrannisieren.

Schüler Kieselack

Stammt aus einer kleinbürgerlichen Familie und lebt bei seiner Großmutter. Dadurch hat er die Freiheit, tun und lassen zu können, was er will.

Schüler von Erztum

Er ist ein Adeliger, der jedoch völlig unbegabt ist. Da er sehr stark ist und viel Kraft hat, strebt er eine Karriere beim Militär an. Deswegen ist er auf dem Gymnasium.

Alle drei Schüler schwärmen für Rosa Fröhlich, besonders Lohmann.

1.1. Der Club der toten Dichter von N.H. Kleinbaum (Vgl. schulzeux.de, 2018)

Die Hauptcharaktere des Romans sind:

Mr. John Keating

Ehemaliger Schüler des Internats und neuer Lehrer an der Welton Akademie. Mitgründer des geheimen Clubs der toten Dichter und ein Romantiker. Durch den Literaturaustausch im Club wollte er Mädchen besser beindrucken lernen. Er gewinnt schnell das Vertrauen der Schüler durch seine ermutigende Art. Keating ist gegen das strenge Schulsystem und fordert alle zum freien Denken auf. Er hat eine spezielle Art von Literaturunterricht.

Gale Nolan

Direktor der Welton-Akademie. Er will keine Veränderung an seiner Schule. Er lebt für die vier Prinzipien: Tradition, Ehre, Disziplin und Leistung.

Alle nun folgenden Charaktere sind Schüler und 16 Jahre alt:

Todd Anderson

Todd ist neu an der Welton Akademie. Er ist sehr schüchtern und ein durchschnittlicher Schüler. Sein Bruder war Jahrgangsbester und ist Mittelpunkt der Familie, er selbst bekommt nicht viel Aufmerksamkeit von seinen Eltern. Todd ist zurückhaltend und verschlossen und hat kein Selbstvertrauen. Im Zimmerkameraden Neil findet er einen guten Freund.

Neil Perry

Er ist beliebt, ordentlich und ein überdurchschnittlich guter Schüler. Sein Vater übt sehr viel Druck auf ihn aus. Er möchte Schauspieler werden, dafür hat sein Vater aber kein Verständnis. Gegenüber seinem Vater verhält sich Neil Perry kleinlaut.

Charlie Dalton

Er ist eine starke Persönlichkeit, selbstbewusst und frech. Er nennt sich später Nuwanda.

Knox Overstreet

Er ist sehr mutig und ein hoffnungsvoller Romantiker. Er verliebt sich in Chris Noel, die Freundin von Chet Danburry.

Steven Meeks

Wird auch das "Genie" genannt und ist ein hilfsbereiter Schüler.

Pitts

Er ist ein Durchschnittsschüler und eng befreundet mit Meeks. Er ist eher eine Randfigur, die keine große Auswirkung auf die Geschichte hat.

Richard Cameron

Er ist ein Mitläufer und ein Verräter. Er ist unbeliebt und als "Schleimer" bekannt.

4. Schule in der Wilhelminischen Zeit und heute

In der wilhelminischen Zeit und auch in der Nachkriegszeit (bis Mitte der 1950er Jahre) werden die Kinder sehr streng erzogen. Es gibt Erziehungsprinzipien, welche strikt eingehalten werden. Gehorsam und Ordnung stehen im Vordergrund. Die Menschen, die nicht ins gesellschaftliche System passen, werden verstoßen. Sobald ein unanständiger Lebenswandel bekannt wird, wird man dafür verachtet. Nur ehrbare Bürger werden in der Gesellschaft akzeptiert. (Vgl. webquests.ch, 2018)

Der Rohrstock wurde als Erziehungsinstrument genutzt. Es war gesellschaftstauglich die eigenen Kinder zu züchtigen. Zucht und Ordnung, Befehl und Gehorsam waren die Schlagworte dieser Zeit. Die patriarchalische Gesellschaft wünscht gottesfürchtige Menschen, die gehorchen. Rechtlich gesehen waren Frauen und Kinder – schon seit Jahrtausenden - Eigentum des Vaters. In der Praxis war Kindererziehung allerdings Frauensache: Sie zogen die Kinder "auf", denn wichtig war in erster Linie, dass sie überhaupt heranwuchsen. Erziehung selbst geschah oft mehr oder weniger unbewusst, durch Beobachten und Nachahmen. So übernahmen Kinder die Traditionen und Verhaltensweisen ihrer Eltern oder ihrer Lehrer. (Vgl. planet Wissen, 2018)

Im 21. Jahrhundert gilt für die Mehrzahl der Familien die demokratische Erziehung. Kinder sollen lernen frei zu denken. Sie sollen eigene Entscheidungen treffen und ein gleichberechtigtes Leben ist von enormer Bedeutung. Dennoch sind auch bei einer demokratischen Erziehung Grenzen und Regeln wichtig. Lehrer strafen heute kaum und sind selten gefürchtet. Lehrer sind heute Helfer und Partner im Unterricht. Schüler haben viel Freizeit. Im Unterricht werden moderne Unterrichtsmethoden eingesetzt und die Lehrer begegnen den Schülern und Schülerinnen mit Respekt und Wertschätzung. Die Bildungsmöglichkeiten sind fast unbegrenzt und das Ausbildungsangebot ist sehr hoch. (Vgl. Zeitklicks, 2018)

Zur Kaiserzeit wechselt nur ein ganz geringer Teil der Kinder von der Volksschule, die für alle Pflicht ist, auf eine weiterführende Schule. Von zehn Kindern verlässt gerade mal eines die Volksschule. Die meisten Arbeiterkinder bleiben auf der Volksschule. Es ist einerseits bei den Arbeitern nicht üblich, die Kinder, auch wenn sie begabt sind, auf ein Gymnasium zu schicken. In der Schule glauben die Kinder oft, sie sind auf einem Kasernenhof. So sah auch die Erziehung aus. Viele Lehrer sprechen die Kinder im Befehlston an: "Setzen!", "Steh auf",

"Ruhe!", "Hefte zeigt!". Die Kinder sind höflich und respektvoll und gefährlich für den, der das nicht ist. Viele Kinder gehen gar nicht gerne in die Schule. (Vgl. Zeitklicks, 2018)

5. Nachwort

In der damaligen Zeit waren persönliche Wünsche, Vorstellungen, Hoffnungen und Träume nicht von großer Bedeutung. Die Eltern entscheiden, was zu tun ist und der Schuldruck ist sehr groß. Mutig sein und anders zu denken oder zu handeln als die anderen in der Gesellschaft wird bestraft. Selbstverwirklichung und etwas Außergewöhnliches zu tun, das ist für Jugendliche ohne Bestrafung nicht möglich. Die Eltern entscheiden die Schulbildung und den späteren Beruf der Kinder. Regeln sind wichtig und viele Lehrer und Eltern denken konservativ. Das wird besonders gut im Buch „Club der toten Dichter" dargestellt mit den vier Säulen der Akademie: Tradition, Ehre, Disziplin und Leistung. Jugendliche haben sich den Eltern nicht widersetzt.

Aber wo bleiben da die Freude, die Meinungsfreiheit und die Selbstverwirklichung? Heute ist es in Ordnung anderer Meinung als seine Eltern zu sein und es ist üblich gemeinsame Entscheidungen zu treffen. Jugendliche werden nicht mehr eingeschränkt und müssen nicht mehr unter Leistungsdruck und Versagensangst zur Schule gehen.

Diese drei Romane beschreiben auf unterschiedliche Art und Weise das Denken in der Kaiserzeit und die Veränderung in der Gesellschaft und in der Erziehung ab Mitte der 1950er Jahre und zeigen auf, dass der gesellschaftliche und schulische Druck sehr groß war. Dadurch wird bewusst, wie viel besser es in der heutigen Zeit ist. Die Jugendlichen können sich frei entfalten.

6. Literaturverzeichnis

6.1. Primärliteratur

Kleinbaum N. H. (1990): Der Club der toten Dichter. Deutsche Erstveröffentlichung (Bastei Lübbe AG). Titel der amerikanischen Originalausgabe: Dead Poets Society

Mann, H. (2014): Professor Unrat. 4. Auflage. Frankfurt am Main. (Fischer Verlag GmbH)

Torberg, F. (2017): Der Schüler Gerber. 43. Auflage. München. (dtv Verlagsgesellschaft mbH & Co.KG)

6.2. Sekundärliteratur

Schulzeux.de (2017): „Der Schüler Gerber" Inhaltsangabe und Referat. http://www.schulzeux.de/deutsch/der-schueler-gerber-inhaltsangabe-und-referat.html (20.05.2018)

Schulzeux.de (2018): "Der Club der toten Dichter" Referat mit Inhaltsangabe & Charakterisierung. http://www.schulzeux.de/deutsch/der-club-der-toten-dichter_nancy-h-kleinbaum_-buchvortrag-als-referat-mit-inhaltsangabe-und-zusammenfassung-sowie-charakterisierung.html (20.05.2018)

Schulzeux.de (2018): Professor Unrat oder Das Ende eines Tyrannen (Heinrich Mann), http://www.schulzeux.de/deutsch/professor-unrat-oder-das-ende-eines-tyrannen_heinrich-mann_-inhaltsangabe-und-zusammenfassung-sowie-charakterisierung-und-interpretation-samt-analyse.html (20.05.2018)

webquests.ch (2018): Geschichte der Erziehung. http://wizard.webquests.ch/erziehungsgeschichte.html?page=53991(30.05.2018)

Zweiker D. (2018): Charakteristik, https://david.zweiker.at/Wissen/Deutsch/8.Klasse/125/Charakteristik (20.05.2018)

Planet Wissen (2018): Wilhelminisches Zeitalter, https://www.planet-wissen.de/gesellschaft/lernen/geschichte_der_erziehung/index.html#Wilhelminisches_Zeitalter (20.05.2018)

Zeitklicks (2018): Kaiserzeit, http://www.zeitklicks.de/kaiserzeit/zeitklicks/zeit/alltag/kindheit-und-jugend-1/setzen-steh-auf-ruhe/ (23.05.2018)